Usborne

초등 1학년이 꼭 알아야 할 과학

케이티 데이니스 글, 스테파노 토그네티 그림

앨리스 리즈, 조이 레이 디자인

페니 콜트만 전문가 감수, 신인수 옮김

차례

이 책에서 다루고 있는 주제들이에요.

 4 나도 과학자!

 6 분류하기

 10 식물

 16 동물

관심 있는 주제를 먼저 살펴보아도 좋아요.

 24 서식지

 28 사람

 36 물질

 50 빛

54 소리

과학에 관한 정보를 더 많이 얻고 싶다면?

어스본 바로가기(usborne.com/quicklinks)에 방문해서 검색창에 'All the Science you need to know by age 7'을 입력해 보세요. 이 책에서 다룬 주제에 관한 영상, 간단한 과학 실험, 퀴즈 등을 만날 수 있어요. 어린이가 인터넷을 사용하는 동안 보호자가 옆에서 지도해 주세요.

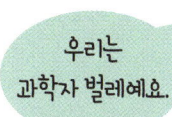 우리는 과학자 벌레예요.

 각 장면에서 우리가 실험하고 연구하는 모습을 찾아보아요!

 **58 힘**

 **62 전기**

 **64 날씨**

 **66 계절**

 **68 낮과 밤**

 **72 1년과 한 달**

 **74 지구**

이 책에 나온 과학 용어의 뜻은 78-79쪽 '낱말 풀이'에 실려 있어요.

 78 낱말 풀이

 **80 찾아보기**

'차례'에서 원하는 주제를 찾을 수 없다면, 80쪽 '찾아보기'를 살펴보세요.

나도 과학자!

과학자는 우리를 둘러싼 세계를 연구해요.

무언가에 **호기심**을 느끼고, 새로운 사실을 알아내려고 노력한다면
과학자와 다름없어요.

도구를 사용해 실험하고 연구할 수 있어요.

돋보기로 사물을 더욱 **크게** 확대해서 봐요.

타이머로 시간이 얼마나 걸리는지 재요.

깃털이 떨어지는 데 시간이 얼마나 걸릴까?

00분 01초

자로 사물이 얼마나 길고, 높고, 넓은지 재요.

노트와 연필을 준비해 알아낸 사실을 모두 **기록**해요.

계량컵으로 액체의 양을 재요.

오늘 비가 얼마나 왔지?

높이 12.5cm

분류하기

과학자는 세상에 있는 것을 종류에 따라 나눠서 정리해요.
이것을 **분류**라고 해요.

크게 두 가지로 나뉘어요.
생물(살아 있는 것)과

무생물
(살아 있지 않은 것)로요.

난 살아 있어요!

바위는 살아 있지 않은 게 틀림없어.

강은 생물일까?

물이 움직이고 있어.

어떤 것은 분류하기 어려워요.
다음 쪽에 나온 목록을 보고,
강물이 생물인지 무생물인지 생각해 보세요.

과학자들은 쉽게 분류하기 위해서 확인할 내용을 목록으로 만들었어요.

아래 목록을 보고 생물인지 확인해요.

이것은,

움직인다. ✓

일곱 가지 목록에 모두 해당되어야 생물이에요.

공기가 필요하다. ✓

번식한다. ✓

'번식'은 자손을 낳는다는 뜻이에요.

자라난다. ✓

먹는다. ✓

주변 환경에 반응한다. ✓

노폐물을 내보낸다. ✓

아얏! 다가오지 마!

우리는 오줌이나 똥을 누지만, 식물은 좀 달라요.

7

생물은 크게 **식물과 동물**로 나뉘어요.

식물과 동물의 주된 차이는 다음과 같아요.

어떻게 움직일까요?

동물은 이곳저곳을 재빠르게 옮겨 가요.

해바라기 꽃은 태양을 따라 움직여요.

식물은 꽃과 잎을 천천히 움직일 수 있지만, 한곳에 뿌리박혀 있어요.

어떻게 번식할까요?

꽃을 피우는 식물은 씨앗을 만들어요.

동물은 새끼를 낳아요.

내가 낳은 알에서 애벌레가 나오지요.

어떻게 먹고살까요?

동물은 다른 동물을 잡아먹거나 식물을 먹어요.

식물은 햇빛을 받아 스스로 양분을 만들어요.

벌레 살려!

어떻게 느낄까요?

식물은 빛과 어둠, 위아래를 감지해요.

동물은 듣고, 보고, 만지고, 맛보고, 냄새를 맡아요.

맛 좋다!

냄새 좋아!

🔍 생물 그림들을 모아서 직접 분류해 보세요.

동물

식물

잡지에서 그림을 오리거나 사진을 출력해서 활동해 보세요.

식물

지구에는 수십만 종이 넘는 매우 다양한 식물이 살고 있어요.

식물은 집보다 **클** 수 있고 손톱보다 **작을** 수 있어요.

주변에 어떤 식물들이 살고 있나요?

통통하고 뾰족뾰족한 선인장은 덥고 건조한 사막에 살아요.

장미

꽃은 주로 봄이나 여름에 피어나요.

보송보송 부드러운 이끼는 바위나 나무에서 자라나요.

사과나무

과일과 채소는 식물의 **일부**예요.

호박

해초

강과 호수와 바닷속에 사는 식물도 많아요.

식물은 실내 또는 창틀에 놓고 키울 수도 있어요.

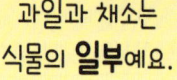
난초

풀은 한데 모여 자라서 풀밭과 초원을 이루어요.

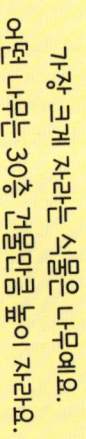
미국삼나무

가장 크게 자라는 식물은 나무예요. 오뚝 나무는 30층 건물만큼 높이 자라요.

나무 종류는 6만 가지가 넘어요.

이 두 나무는 어떤 점이 다를까요?

일 년 내내 잎이 푸른 나무를 **상록수**라고 해요.

단풍나무

겨울이 오기 전에 잎을 떨어뜨리는 나무를 **낙엽수**라고 해요.

전나무

낙엽수의 나뭇잎은 넓적하고 납작한 편이에요.

상록수의 나뭇잎은 가늘고 뾰족한 편이에요.

🔍 나뭇잎 모양을 똑같이 만들어 보세요.

나뭇잎 위에 종이를 깔아요.

크레용을 옆으로 눕혀서 종이 위를 문질러요.

나뭇잎은 어떤 모양인가요? 다양한 단어로 표현해 보세요.

식물 중에서 **꽃식물**이 가장 많아요.

나무는 대부분 꽃식물이에요.
정원이나 야생에 있는 꽃들도 꽃식물이지요.

꽃식물의 각 부분을 뭐라고 부를까요?

꽃
줄기
꽃잎
잎
뿌리

꽃 이름을 맞혀 보세요.

이 꽃은 해바라기예요.

장미예요.

데이지예요.

수선화예요.

꽃식물은 **꽃**을 피우고, **열매**를 맺고, **씨앗**을 만들어요.

식물이 화려한 꽃을 피우는 이유는 무엇일까요?

벌과 곤충을 끌어들이기 위해서예요.

우리는 식물의 꽃가루를 다른 식물로 옮겨 주는 일을 해요.

이 일을 수분(꽃가루받이)이라고 해요.

꽃가루는 꽃 속에 있는 노란 가루예요. 털이 보송보송한 곤충의 몸에 잘 들러붙지요.

식물은 다른 식물의 꽃가루를 받아 씨앗을 만들어요.

씨앗은 어디에 있을까요?

과일 속에 있어요.

껍데기 속에 있어요.

꼬투리 속에 있어요.

씨앗을 심으면 새로운 식물이 자라나요.

씨앗이 자라나려면 무엇이 필요할까요?

 공기

씨앗에서 싹이 트면, 햇빛도 필요해요.

 따뜻한 기온  물

🔍 **씨앗을 심어서 직접 키워 보세요.**

| 유리병에 키친타월을 집어넣어요. | 키친타월이 축축해지도록 물을 충분히 뿌려요. | 콩 씨앗을 병 옆쪽으로 밀어 넣어요. |

그런 다음, 유리병을 창틀에 올려놓아요.

자라고 있어!

며칠이 지나면 변화가 생겨요. 씨앗에서 뿌리가 삐죽이 나와요.

다른 병에도 콩을 키워 봐요. 물을 넣지 않은 병, 빛이 들지 않는 병, 차가운 곳에 둔 병 등 환경을 달리 해 보세요. 어떤 차이가 있을까요?

콩에 언제 어떤 변화가 생겼는지 **콩 일기장**에 기록해요.

길이를 재고, 변화된 모습을 그려요.

3일 18mm
7일 36mm
13일 57mm
15일 62mm
30일 81mm

식물이 얼마나 컸는지 적어 두어요.

사진을 찍어 붙여요.

동물

지구에서 살아가는 동물 종류는 수백만 종에 달해요.
동물은 생김새와 크기가 굉장히 다양하지요.

동물은 하늘에 살고

바다에 살고

강에서 살고

농장에서 살고

집 주변에 살고

땅속에 살아요.

반려동물도 동물이고, 사람도 동물이에요.

아래 동물들의 공통점은 무엇일까요?

사람, 뱀, 상어, 개구리, 오리, 개

이 동물들은 모두 등 한가운데에 **척추가** 있어요. 이런 동물을 **척추동물**이라고 해요.

우리는 뭐라고 해요?

벌레는 척추가 없어요.

아래 동물도 척추가 없지요.

해파리, 불가사리, 게, 문어

척추가 없는 동물을 **무척추동물**이라고 해요.

척추동물은 다섯 가지로 나뉘어요.

포유류

포유류는 머리카락 또는 털이 있어요.

말
사람

포유류는 새끼를 낳아요.

강아지
개

포유류는 **정온 동물**(온혈 동물)이에요.

수달

포유류의 새끼는 어미 젖을 먹어요.

정온 동물은 주위 온도와 관계없이 일정한 체온을 유지해요.

조류

앵무새

조류는 깃털과 날개를 지녔어요.

암탉

조류는 알을 낳아요.

갈매기

조류는 **정온 동물**이에요.

조류는 대부분 날 수 있지만, 전부는 아니에요.

타조와 펭귄은 날지 못해요.

타조 펭귄

파충류

악어

파충류는 마른 비늘을 지녔어요.

거북
알

도마뱀

파충류는 대부분 알을 낳아요.

파충류는 **변온 동물**(냉혈 동물)이에요.

변온 동물은 주위 온도에 따라 체온이 변해요.

Q. 아래 동물들은 어떤 종류에 속할까요?

1 방울뱀　2 햄스터　3 귀상어　4 두꺼비　5 비둘기

모든 동물은 살아가기 위해서 **먹이**와 **물**과 **산소**가 필요해요.

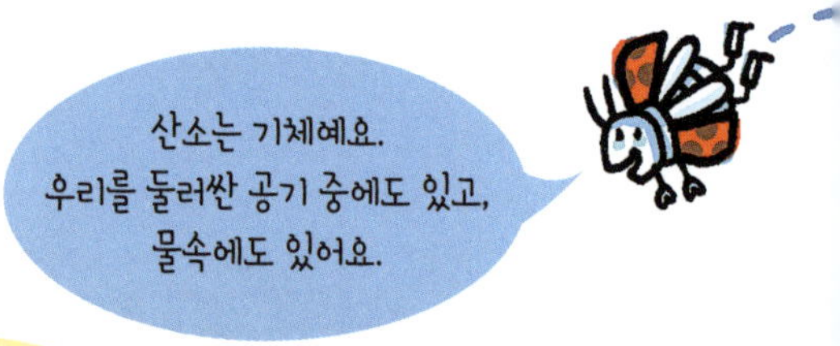

먹이

동물은 먹이를 먹어서 **건강**을 유지할 **에너지**를 얻고 살아갈 수 있어요.

산소는 기체예요. 우리를 둘러싼 공기 중에도 있고, 물속에도 있어요.

어떤 동물은 고기만 먹어요.

범고래 / 두더지 / 물총새 / 사자

우리는 육식 동물이에요.

사마귀

어떤 동물은 고기와 식물, 둘 다 먹어요.

곰 / 다람쥐 / 울새

우리는 잡식 동물이에요.

기린 / 코알라 / 돼지 / 개미 / 달팽이 / 소

어떤 동물은 식물만 먹어요.

우리는 초식 동물이에요.

물

동물은 대부분 날마다 물을 마셔요.

비둘기
고양이
사람
코끼리
딱정벌레
캥거루쥐
얼룩말

나는 아무것도 마시지 않아요. 난 사막에 살고, 씨앗을 먹어 필요한 수분을 얻어요.

산소

포유류, 조류, 파충류는 **허파**로 공기를 들이마셔서 산소를 얻어요.

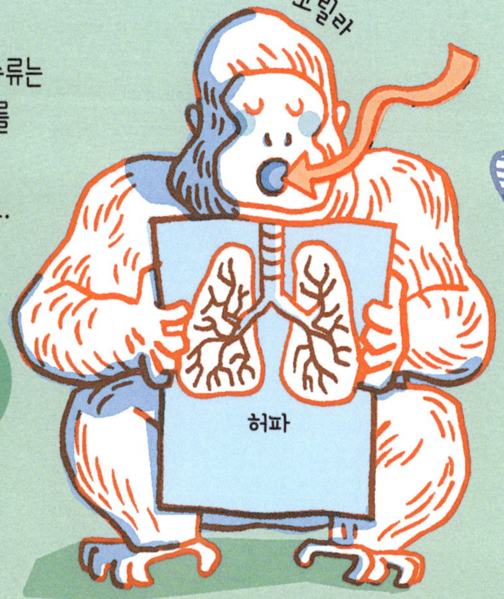

고릴라

허파는 동물의 가슴 속에 있어요.

허파

어류는 **아가미**를 펄럭이며 물에서 산소를 얻어요.

농어
아가미

양서류는 허파와 아가미, **피부**로 숨을 쉬어요.

개구리

21

동물은 대부분 조그맣게 태어나서 점점 **크게** 자라나요.

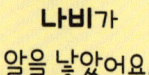

나비가 알을 낳았어요.

곧, 알에서 작은 애벌레가 나와요.

애벌레는 나뭇잎을 아삭아삭 갉아 먹으며 점점 커져요.

  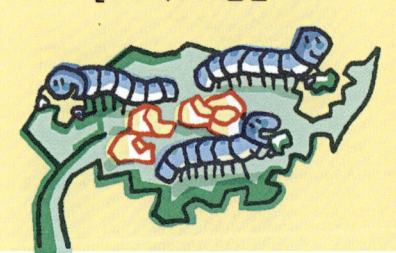

사람은 작은 아기로 태어나요.

아기는 자라서 유아가 돼요.

더 자라 어린이가 되지요.

새가 알을 여러 개 낳아요.

알이 깨지고…

…조그마한 아기 새가 나와요.

 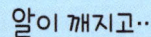  

아기 **양**이 태어났어요.

아기 양은 어미 젖을 먹고, 풀을 먹어요.

큰 양으로 자라나요.

애벌레는 각각 몸 주위로 껍데기를 만들어요.

이런 껍데기를 고치라고 해요.

그 후 몇 주가 지나면 고치에서 나비가 나와요.

어린이는 청소년으로 자라요.

청소년이 자라서 어른이 돼요.

아기 새는 어미가 물어다 주는 먹이를 먹고 자라요.

아기 새는 날개가 튼튼해지면, 날 수 있어요.

Q. 아래 아기 동물들은 자라서 무엇이 될까요?

1
꽥꽥!

2
꼬물꼬물~

3
음매애애

서식지

동물들은 각기 다른 환경에서 살아가요.
동물이 살아가는 곳을 **서식지**라고 해요.

서식지마다 환경이 어떻게 다를까요?
아래 서식지를 살펴보세요.

숲

그늘지고 습해요.

사막

낮에는 덥고 건조하지만 밤에는 추워요.

바다

물은 짜고 출렁거려요.

바닷가

바위가 많고 바람이 불어요.

동물은 서식지 환경에 자신을 맞춰 가며 **적응해요**.

동물들은 서식지에 어떻게 맞춰 살아갈까요?

북극

털이 체온을 따뜻하게 유지해 줘요. 털 색깔이 하얀 눈과 같아서 몸을 숨기기도 쉬워요.

열대 우림

원숭이는 기다란 팔로 나무에 쉽게 매달려요.

카멜레온은 몸 색깔이 나뭇잎과 똑같이 변해요.

어떤 동물을 가장 좋아하나요? 그 동물이 된다면 어떨지 상상해 보세요.

그 동물은 어디에 살고 있나요?

뿌우우우!

어떤 소리를 낼까요?

무엇을 먹을까요?

서식지에는 동물들의 먹이가 되는 동식물이 다양해요.
동물들은 먹이를 먹고 **살아가기 위한** 에너지를 얻지요.

누가 이 연못에 사는 걸 먹을까요?

왜가리

배가 고프군. 먹이를 찾아볼까?

물풀

물고기

새우

난 물풀을 먹어요. 난 새우를 먹어요. 난 물고기를 먹어요.

물풀 → 새우 → 물고기 → 왜가리

이것을 **먹이 사슬**이라고 해요.
에너지는 먹이 사슬을 따라서 흘러가요.

사람

거울을 들여다보면 척추동물의 대표적인 예를 만날 수 있어요.
바로 포유류에 속하는 **사람**이에요.

사람의 모습도 각기 달라요.

사람의 몸은
어떤 점이 똑같을까요?

사람은 모두 같은 자리에
같은 신체 부분을
지녔어요!

우리 몸을 이루는 각 부분의 이름을 말해 보세요.

머리
눈
귀
손가락
입
코
어깨
목
팔
가슴
팔꿈치
손
배
엉덩이
다리
무릎
발
발가락

🔍 친구들과 함께 놀이를 해 보세요.
한 친구가 우리 몸 중
한 부분의 이름을 외쳐요.
다른 친구들은 그 부분을
가장 빨리 가리켜야 해요.

머리!

우리 몸속에는 **뼈**가 **뼈대**를 이루고 있어요.
뼈대는 몸 형태를 만들고 지탱해 주며 움직일 수 있게 도와줘요.

뼈마다 하는 일이 달라요.

가장 작은 뼈는 귓속에 있어요. 소리를 들을 수 있게 해요.

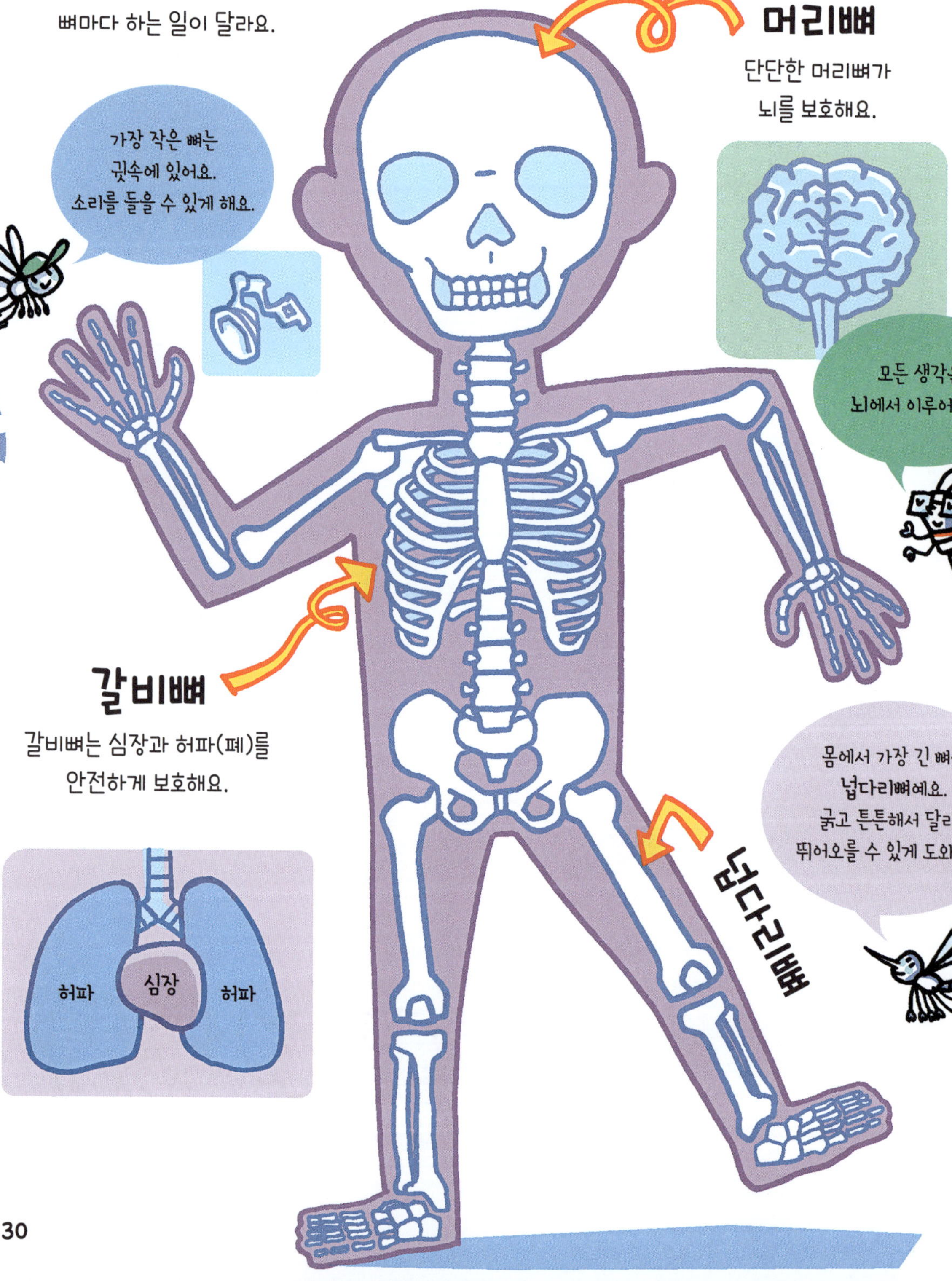

머리뼈

단단한 머리뼈가 뇌를 보호해요.

모든 생각은 **뇌**에서 이루어져요.

갈비뼈

갈비뼈는 심장과 허파(폐)를 안전하게 보호해요.

허파 심장 허파

몸에서 가장 긴 뼈는 **넙다리뼈**예요. 굵고 튼튼해서 달리고 뛰어오를 수 있게 도와줘요.

넙다리뼈

30

뼈는 혼자 힘으로 움직일 수 없어요. 뼈가 움직이려면 근육이 필요해요.

근육은 짝을 이루어서 움직여요. 한쪽이 **당겨지면** 다른 쪽은 쭉 **펴지지요.**

우리 몸에는 600개가 넘는 근육이 있어요.

위팔의 근육이 움직이는 모습을 보세요.

팔을 펼 때 위쪽 근육은 쭉 펴지고,

아래쪽 근육은 당겨져요.

팔을 구부릴 때 위쪽 근육은 당겨지고,

여러분도 팔을 굽혀 보세요. 위가 볼록 나오는 게 느껴지나요?

아래쪽 근육은 쭉 펴져요.

어떤 사람들은 몸의 일부분이 제 기능을 하지 못해 도움을 받아요.

휠체어

의족

안내견

제 기능을 더욱 잘하도록 도움 받기도 해요.

어떤 사람은 눈이 더 잘 보이도록 안경을 써요.

어떤 사람은 더 잘 듣기 위해서 보청기를 껴요.

어떤 사람은 숨을 더 편히 쉴 수 있게 흡입기를 사용해요.

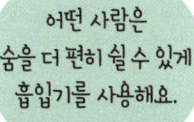

우리 몸은 주변에 무슨 일이 있어나는지 알아내기 위해 다섯 가지 **감각**을 활용해요. 이것을 **오감**이라고 불러요.

몸의 다섯 가지 감각 기관에서 뇌로 정보를 보내 감각을 느낄 수 있어요.

청각

귀로 여러 가지 소리를 들어요.

어흥!

어떤 소리는 매우 작고,

짹깍 짹깍

찍찍찍

어떤 소리는 굉장히 커요!

부르르르르릉!

촉각

뭔가가 **피부**에 닿으면 **감촉**을 느껴요.

부드럽거나 거칠거나 매끄러운 느낌을 느끼지요.

뜨겁고 차가운 것도 느낄 수 있어요.

우리 몸은 건강할 때 제 기능을 가장 잘할 수 있어요.

몸을 건강하게 유지하려면 음식을 **골고루** 먹어야 해요.
어떤 음식에 어떤 영양소가 들어 있는지 살펴보아요.

과일과 채소에는 **비타민**이 가득해요. 비타민은 몸이 제 역할을 하는 데 필요하기 때문에 많이 먹도록 해요.

지방은 조금만 먹어요.

단백질이 든 음식이에요. 단백질은 몸이 자라고 스스로 회복하도록 도와요.

탄수화물이 든 음식이에요. 탄수화물은 몸에 에너지를 줘요.

설탕은 몸과 이 건강에 나빠요. 하지만 가끔씩 먹는 간식은 괜찮아요.

하루에 다섯 잔 정도 마시면 적당해요.

물을 충분히 마셔야 해요. 물은 우리 몸이 제대로 기능하도록 도와줘요.

물질

우리 주변에 있는 물체들은 다양한 종류의 물질로 만들어졌어요.

일곱 가지 물질의 종류와 특징을 살펴보세요.

금속

금속은 단단하고 반들거리고 쉽게 뜨거워져요.

플라스틱

플라스틱은 질겨요. 플라스틱으로 어떤 모양이든 거의 다 만들 수 있어요.

목재

목재는 튼튼하고, 기다랗게 자를 수 있어요.

물질은 저마다 다른 방식으로 쓰여요. 어떤 물질은 쓰임새가 아주 많아요.

모든 물질은 자연에서 얻어요. 이것을 원료라고 해요.

양모는 양의 털을 깎아서 얻어요.
양털은 다시 자라지요.

머리카락을 자르는 것과 같아요.

목재는 나무에서 얻어요.

면은 목화에 열린 목화솜으로 만들어요.

목화솜은 씨앗을 보호하는 솜털이에요.

많은 원료가 땅속에서 나요.

유리는 모래로 만들어요.

도자기는 점토로 만들어요.
점토는 진흙의 일종이에요.

금속은 땅속 바위에 섞여서 발견돼요.

금속에는 금, 은, 철, 구리 등이 있어요.

석유는 수백만 년에 걸쳐 땅속에서 만들어져요.

플라스틱은 석유로 만들어요.

38

원료는 가공 과정을 거쳐 다른 물질로 만들어져요.

목재를 잘게 잘라 질척한 죽처럼 만든 다음, 납작하게 눌러서 말리면 종이가 돼요.

목재  종이

아래 세 가지 물질을 만들려면 모두 열을 가해야 해요.

모래에 몇 가지 가루를 섞어요.
여기에 열을 가해 녹인 다음, 따라 내어 굳히면 유리판이 돼요.

모래    유리

철을 녹여서 '탄소'라는 물질을 조금 넣어요. 그러면 강철이 돼요.

철  강철

강철은 철보다 더 튼튼하고 단단해요.

석유는 여러 종류로 분리돼요. 그중 한 종류에 열을 가하고 화학 물질을 넣으면
다양한 모양의 플라스틱을 만들 수 있어요.

석유      플라스틱

여기에 나온 물질 대부분은 재활용할 수 있어요.

 유리와 금속은 불에 녹여서 계속 다시 쓸 수 있어요.
종이는 약 일곱 번쯤 재활용할 수 있어요.
플라스틱은 몇몇 종류만 열 번까지 재활용 가능해요.

물질은 각기 다른 특성에 맞는 쓰임새를 찾아야 해요.

아래 물건들은 어떻게 될까요?

초콜릿으로 찻주전자를 만든다면?

찻주전자가 녹아내릴 거예요!

목재로 텐트를 만든다면?

너무 크고 무거울 거예요!

플라스틱으로 프라이팬을 만든다면?

프라이팬에 담긴 음식이 데워지기 전에 프라이팬이 녹고 타 버릴 거예요!

금속으로 티셔츠를 만든다면?

굉장히 불편하겠지요!

발명가는 뭔가 새로운 것을 만들 때,
어떤 물질이 쓰임새에 가장 알맞을지 생각해요.
만들려고 하는 물건이…

…방수여야 할까?

…단단해야 할까?

…부드러워야 할까?

…깨지지 않아야 할까?

…흡수력이 좋아야 할까?

흡수력은 액체를 빨아들이는 힘을 뜻해요.

…늘어나야 할까?

…뻣뻣해야 할까?

어떤 발명가들은 발명품을 만들기 위해서 새로운 물질을 발명해요.

또한 발명가들은 오래된 물질을 새로운 용도로 바꾸기도 해요.

찰스 매킨토시는 비옷을 만들 방수 천을 발명했어요.

존 던롭은 고무에 공기를 넣어 자전거 바퀴를 발명했어요.

덕분에 덜컹거리는 느낌이 줄었어요.

41

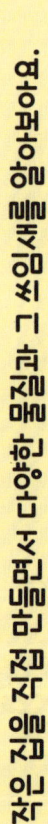
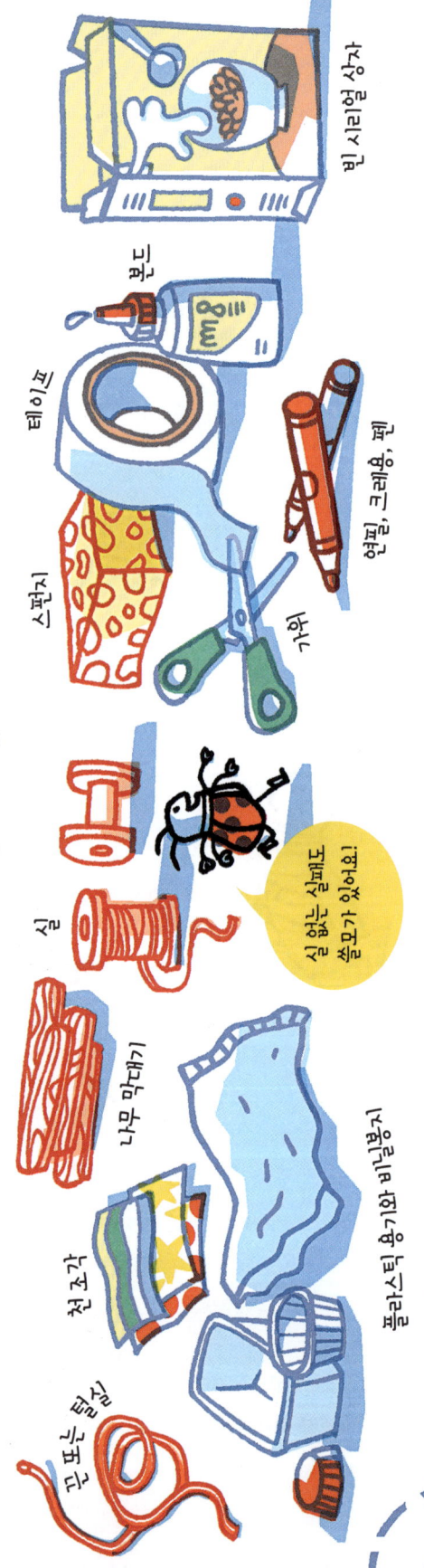

물질은 고체, 액체, 기체, 세 가지 상태로 존재해요.

탄산음료가 든 컵을 준비했어요.

컵은 고체예요.

얼음과 빨대도 고체예요.

음료수 속 방울은 기체예요.

음료수는 액체예요.

Q. 아래 물질들은 고체, 액체, 기체 중 무엇일까요?

1 사과

2 병에 든 사과 주스

3 우리가 들이마시는 공기

정답: 1. 고체 2. 액체 3. 기체

물질이 따뜻해지거나 차가워지면, 물질의 상태가 **변할** 수 있어요.

녹다

증발하다

얼다

어떤 고체는 액체와 섞이면 사라지는 듯이 보여요.
이렇게 녹거나 녹이는 일을 **용해**라고 해요.

예를 들면 다음과 같아요.

설탕 + 물 = 설탕물

- 따뜻한 물에 설탕을 넣어요.
- 물을 휘저으며 설탕이 녹는 것을 살펴봐요.
- 물에서 단맛이 나요.
- 액체에 녹는 물질을 **가용성 물질**이라고 해요.

설탕은 아직 물속에 있어요. 단지 작은 조각으로 쪼개져서 물과 섞여 있을 뿐이에요.

Q. 아래 고체 가운데 어느 것이 물에 녹을까요?

모래, 가루 설탕, 인스턴트커피, 소금, 밀가루, 후추

액체에 녹지 않는 고체를 **불용성 물질**이라고 해요.

직접 실험해 보세요.

정답 : 소금, 가루 설탕, 인스턴트커피

서로 다른 물질을 섞었을 때 변화가 일어나는 것을 **반응**이라고 해요.

식초와 베이킹 소다가 만나면 어떤 일이 일어나는지 알아볼 거예요.

비커에 물을 1/3 정도 채워요.

베이킹 소다를 찻숟가락으로 다섯 스푼 넣은 뒤 잘 섞이도록 저어요.

베이킹 소다는 케이크와 쿠키를 만들 때 넣어서 부풀어 오르게 해요.

이어서 식초를 조금 부어요.

식초

그런 다음, 부글부글 거품이 일어나는 반응을 살펴보아요.

쉬쉬식!

식초와 베이킹 소다를 섞으면 기체가 생겨요. 그래서 액체에서 보글보글 거품이 일어요.

똑같은 실험을 플라스틱 병에 하면 이런 일이 일어날 거예요.

이 혼합물은 좁은 병 입구에서 떠밀려 나와 순식간에 밖으로 뿜어져 나와요.

⚠ **주의** : 절대 유리병으로 실험하지 마세요! 유리병이 산산조각 날 수 있어요.

47

우리는 날마다 많은 물질을 사용해요. 또한 버리는 물질도 많아요.

쓰레기를 아무 데나 버리면 동물과 식물, 자연에 해로워요.

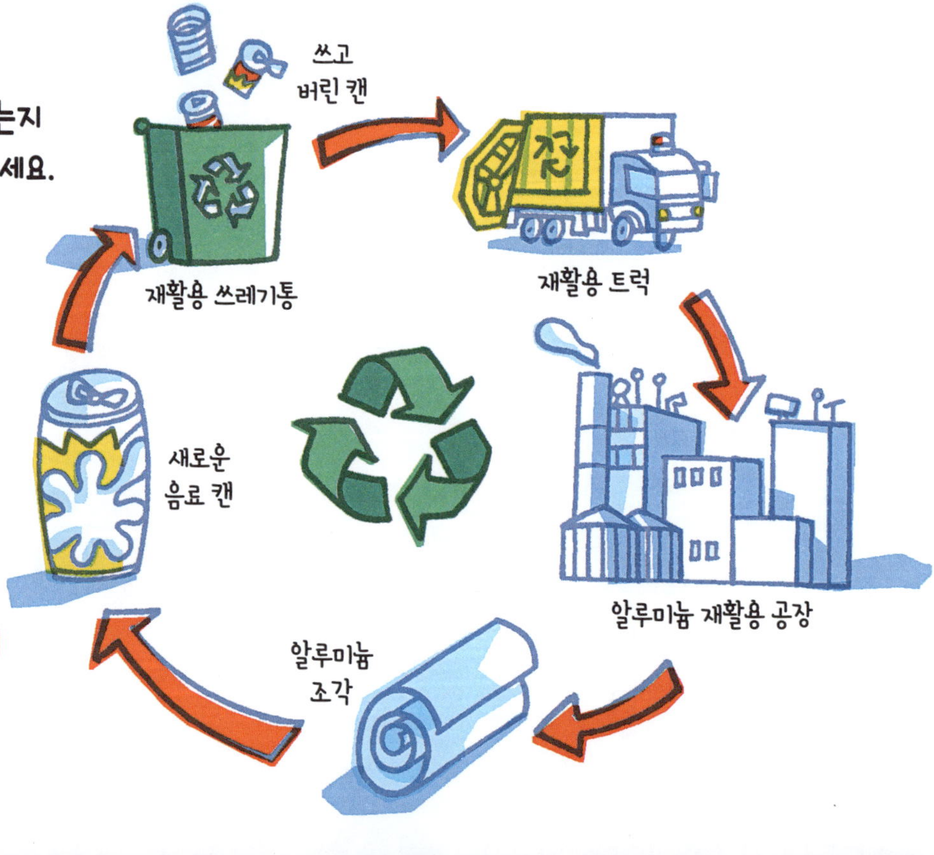

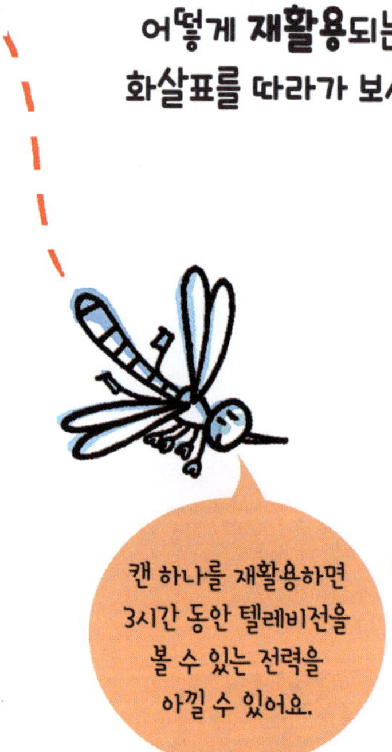

재활용할 수 없는 쓰레기는 일반 쓰레기통에 버려야 해요.

일반 쓰레기는 **매립지**로 싣고 가 조심스럽게 묻어요.

또는

소각장으로 보내 조심스럽게 태워요.

아무 데나 버린 쓰레기는 결국 바다에 다다라요.
플라스틱 쓰레기는 썩지도 않은 채 물에 그대로 떠다녀요. 동물에게는 매우 위험해요.

쓰레기를 아무 데나 버리는 습관을 바꾸지 않으면 2050년쯤에는 바다에 물고기보다 플라스틱이 더 많아질 거예요.

어떻게 하면 쓰레기를 줄일 수 있을까요?

몇 번이고 다시 쓸 수 있는 개인 물병을 가지고 다녀요.

장바구니를 가지고 다녀요.

마구 버리지 말고 고치고 수선해요.

음식물 쓰레기는 퇴비로 만들어요.

빛

우리는 어둠 속에서 잘 보지 못해요. 빛이 있어야만 볼 수 있어요.

빛을 내는 것을 **광원**이라고 해요.

몇가지 광원을 살펴보세요.

가로등
전구
태양
텔레비전
손전등
불
양초

또 어떤 광원이 있을까요?

모든 광원이 사라지면 우리 앞에는 **어둠**만 남게 될 거예요.

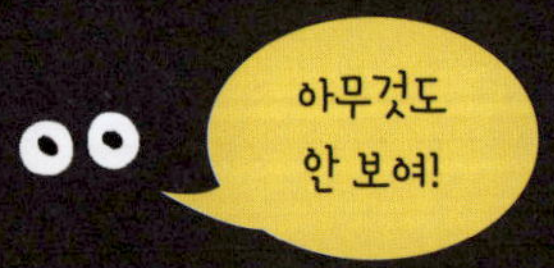

아무것도 안 보여!

빛은 공기 속을 통과해요.

빛은 물속을 통과해요.

빛은 어떤 물체를 통과하기도 해요.

하지만 대부분의 물체는 빛을 막아요.

그리고 반대편에 까만 **그림자**를 드리우지요.

빛은 유리를 통과해요. 그래서 유리의 안쪽까지 볼 수 있지요.

빛은 식물을 통과할 수 없어요.

🔍 흰 벽에 빛을 비추고, 중간에 빛을 가려 보세요. 손이나 온몸으로 빛을 가리거나, 물체를 놓아요.

그림자가 생겼나요? 어떤 모양인가요?

내가 빛을 가릴게요!

51

 물체를 비춘 빛은 반사되어 우리 눈에 들어와요. 그래서 우리는 물체를 볼 수 있어요.

들켰네!

찾았다!

빛은 빛나는 표면에서 잘 반사돼요.

전구에서 나온 빛은 애벌레에서 튕겨 나가 거울에 부딪친 다음 도로 애벌레한테 튕겨요.

빛이 잘 반사돼서 내 모습을 볼 수 있어요!

거울에 맺힌 모습을 상이라고 해요.

달은 스스로 빛을 내지 않아요.

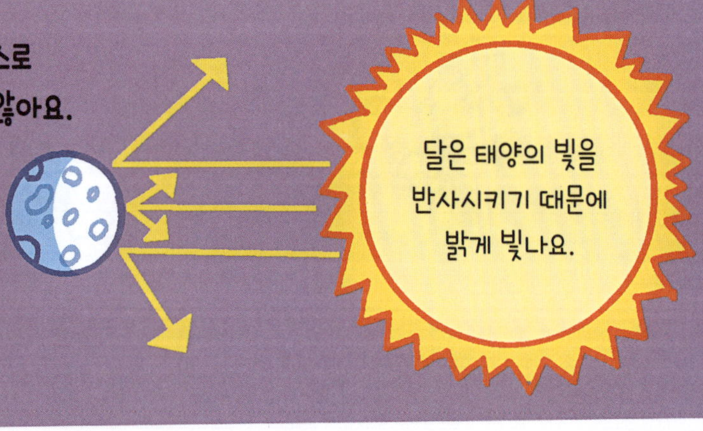

달은 태양의 빛을 반사시키기 때문에 밝게 빛나요.

빛이 있어서 다양한 색을 볼 수 있어요.

주변에 어떤 색이 보이나요?

빨간색
파란색
초록색
노란색
주황색
보라색

어떤 색은 다른 색보다 훨씬 더 눈에 잘 띄어요.

자전거를 탈 때는 밝은색 옷을 입는 게 더 안전해요.

도로 표지판은 눈에 잘 띄도록 밝은색이에요.

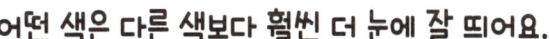

도로에서 일하는 사람은 왜 밝고 빛이 반사되는 옷을 입을까요?

다른 사람 눈에 금방 띄기 위해서지요.

소리

우리 주변에서 날마다 많은 소리가 들려요. 잠시 눈을 감고 들어 보세요.

귀에 들리는 소리를 어떻게 표현할 수 있을까요?

우르르 쾅!
굉장히 커요.

까악 까악
까악 까악
시끄러워요.

바스락 바스락
조용해요.

찍찍 찍찍
높고 가늘어요.

크아아앙
낮게 울려요.

소리는 멀수록 작게 들리고…

구급차
삐뽀삐뽀

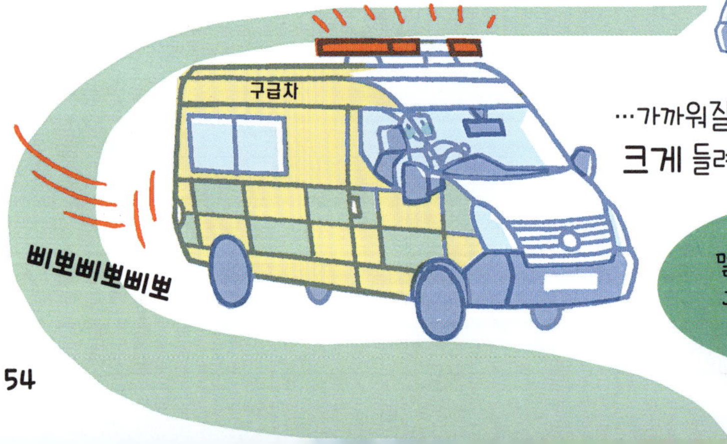

…가까워질수록 크게 들려요.

구급차
삐뽀삐뽀삐뽀

멀리서 오는 소리에 귀를 기울여 봐요.

소리는 물체가 떨릴 때 생겨요. 물체가 떨리는 현상을 **진동**이라고 해요.

악기에서 소리가 나려면 진동이 일어나야 해요.

기타는 기타 줄을 뜯거나 쳐서 진동시켜요.

리코더를 불면 안에서 공기가 진동해요.

실로폰은 채로 음판을 내리쳐서 진동시켜요.

바이올린은 활로 그어서 줄을 진동시켜요.

커다란 음판은 진동이 더 느려서 낮은음을 내지요.

🔍 **유리병에 각각 다른 양의 물을 넣어요. 그런 다음 유리병을 연필 끝으로 톡톡 두드려 보세요.**

어떤 유리병에서 가장 높은음이 나요?

어떤 소리가 들리나요?

유리병마다 다른 소리가 나요!

거의 비어 있는 병에서요.

유리병에 물이 적게 들어 있을수록 더 빨리 진동해요. 빠르게 진동할수록 더 높은 소리가 나지요.

57

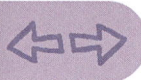

힘

물체를 **밀거나 당기면** 움직여요. 이렇게 움직이게 하는 원인을 **힘**이라고 해요. 우리는 날마다 힘을 사용해요.

외출 준비를 하면서 얼마나 많이 밀고 당겼나요?

서랍을 당겨서 열기

팔을 소매 속에 밀어 넣기

머리카락 사이에서 빗을 당겨 내리기

변기 손잡이를 밀어 내리기

양말을 당겨 올리기

문을 당겨서 열고 밀어서 닫기

기계도 힘을 사용해요.

당기기   밀기

아래 물체를 움직이게 하는 건 무엇일까요?

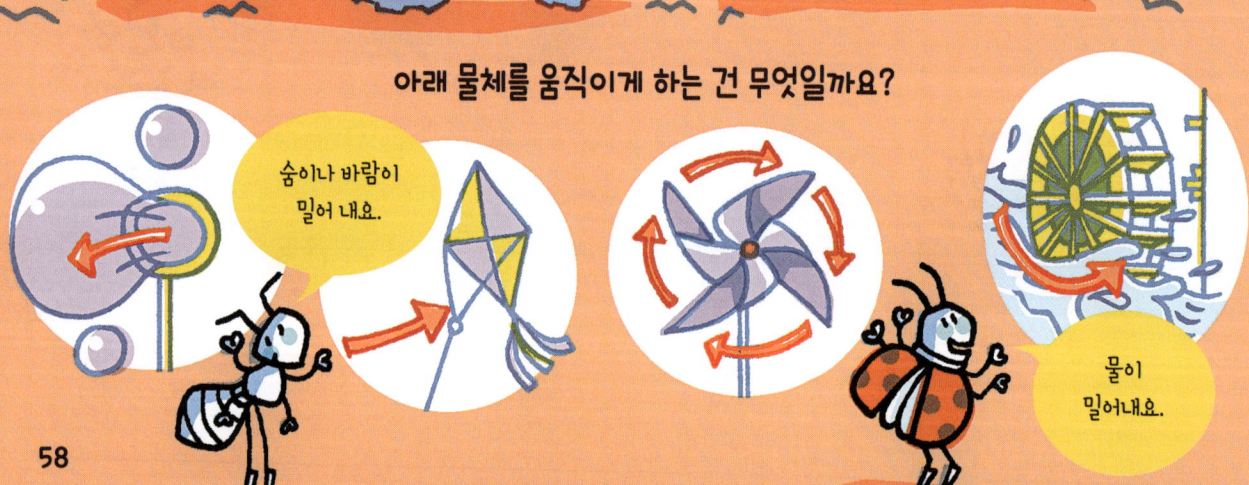

숨이나 바람이 밀어 내요.

물이 밀어내요.

물체를 밀면
물체는 우리한테서 멀어지고…

…물체를 당기면
물체는 우리 쪽으로 움직여요.

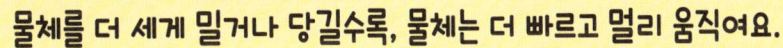
물체를 더 세게 밀거나 당길수록, 물체는 더 빠르고 멀리 움직여요.

물체가 바닥에 닿아 나아갈 때, 물체의 속도는 점점 줄어들다가 결국 멈춰요.

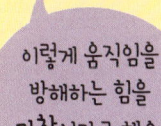
이렇게 움직임을 방해하는 힘을 마찰이라고 해요.

밀거나 당기는 힘으로 물체의 모양이 변하기도 해요.

🔍 밀가루 반죽이나 점토를 손에 쥐고 밀고 당겨 보세요. 어떤 모양이 되나요?

밀고 당기는 힘으로 뭐든 원하는 모양을 만들 수 있어요.

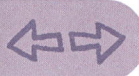

자석은 몇몇 금속 종류를 끌어당기는 힘이 있어요.

어떤 금속 물체는 자석으로 끌려가요. 이러한 성질을 **자성**이라고 해요.

자성을 띠는 물체는 철 또는 강철로 만들어졌어요.

자석에 끌려가지 않는 다른 물체들 (많은 금속 물체 포함)은 **비자성**이에요.

🔍 물체가 자성을 띠는지 아닌지 직접 확인해 보세요. 물체에 자석을 가까이 가져가 보면 알 수 있어요.

물체가 자석으로 끌려가는 느낌이 드나요?

스프링은 미는 힘과 당기는 힘을 둘 다 써요.

스프링은 언제나 원래 모습으로 돌아가려고 해요.

스프링을 아래로 누르면, 스프링은 도로 위로 튀어 오를 거예요.

만약 스프링을 잡아당기면, 스프링은 도로 제자리로 돌아갈 거예요.

스프링과 자석은 우리 생활 속에서 다양하게 쓰여요.

스프링이 어디에 쓰이는지 살펴보세요.

- 빵이 튀어나오는 토스트기
- 방방 튀어 오르는 트램펄린
- 편안한 침대 — 매트리스 속에 스프링이 있어요.
- 덜컹거리는 충격 흡수 — 바퀴 위에 스프링이 있어요.

자석이 어떤 용도로 쓰이는지 살펴보아요.

- 꽉 닫히는 냉장고 문
- 북쪽을 가리키는 나침반의 화살표
- 알림판 고정 핀
- 속도를 늦추는 롤러코스터 — 강한 자석이 우리를 도로 당겨요.

전기

일상생활에서 쓰이는 많은 기구들이 전기로 작동해요.

전기는 **에너지**예요. 전기는 전선을 따라서 집으로 이동해요.

전기는 벽 속에 있는 전선을 타고 **전등**과 **콘센트**에 공급돼요.

콘센트는 나라마다 종류가 달라요.

콘센트에 전기 기구의 플러그를 꽂으면 전기 에너지를 공급받을 수 있어요.

배터리를 통해서 전기를 공급받기도 해요.

배터리는 콘센트에 꽂지 않아도 돼요.

어떤 배터리는 전력이 다 떨어졌을 때 **충전**해요.

어떤 배터리는 기기에서 꺼내고, 새것으로 갈아 끼워야 해요.

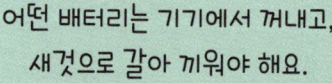

다 쓴 배터리를 쓰레기통에 버리면 절대 안 돼요. 재활용 쓰레기통에 따로 버려야 해요.

전기는 굉장히 쓸모가 많지만 동시에 매우 **위험**하기도 해요.

전기를 안전하게 쓰는 방법

안전을 지키는 방법을 알아보아요.

콘센트에는 전기 플러그만 꽂아요.

꽂기 전에 콘센트와 플러그 모양을 꼭 확인해요.

물이나 음료수는 전기 기구 가까이에 두지 마세요.

전기 기구는 절대 욕조에 가져가지 않아요.

액체와 전기가 같이 있으면 아주 위험해요!

전기 스위치나 전기 기구를 만지기 전에는 손에서 물기를 닦아요.

전기선은 바닥에 늘어놓지 않도록 해요. 발에 걸려 넘어질지 모르니까요.

⚠ **주의 사항**
전기는 사람을 죽게 할 수 있어요.
꼭 안전 수칙을 지켜요.

날씨

오늘 날씨는 어떤가요?

맑아요.

바람이 불어요.

흐려요.

비가 와요.

눈이 와요.

폭풍우가 일어요.

더워요.

추워요.

이 중에서 두세 가지 날씨가 한꺼번에 찾아올 수 있어요.

과학자들은 다양한 도구를 사용해서 날씨를 측정해요.

비가 온 양은 4mm(밀리미터)예요.

바람이 이쪽 방향으로 불고 있어요.

기온은 26°C(도)예요.

앞으로 날씨가 어떨지 알려 줄 때는 날씨 기호로 나타내요.

다음 주에 어떤 날씨가 예상되나요?

월요일	화요일	수요일	목요일	금요일

많은 비 · 구름 조금 · 눈 · 천둥과 번개 · 맑음!

비가 내리는 동시에 햇빛이 비치면 어떻게 될까요?

빗방울 사이로 햇빛이 비칠 때, 무지개가 생겨요!

무지개는 언제나 같은 색깔들이 똑같은 순서로 나타나요.

계절

우리나라는 일 년이 **사계절**로 나뉘고 각 계절마다 뚜렷한 특성이 있어요.

계절이 바뀌면, 낮의 길이도 변해요.

봄

봄에는 날씨가 점점 더 따뜻해지고 낮이 길어지기 시작해요.

식물이 자라고 꽃이 피어요.

새들이 둥지를 틀어요.

종종 비가 와요.

여름

여름에 낮이 가장 길고 가장 더워요.

비가 자주 내리고 습해요.

해가 하늘 높이 떠요.

나무에 잎이 무성해져요.

가을

가을에는 날씨가 점점 더 선선해지고 낮이 짧아지기 시작해요.

겨울

겨울에 낮은 가장 짧고 가장 추워요.

세계 어떤 곳에는 우기와 건기, 두 계절만 나타나기도 해요.

낮과 밤

날마다 해가 하늘을 가로질러 움직이는 것처럼 보여요.

날이 흐릴 때도 해는 하늘에서 빛을 비추고 있어요.

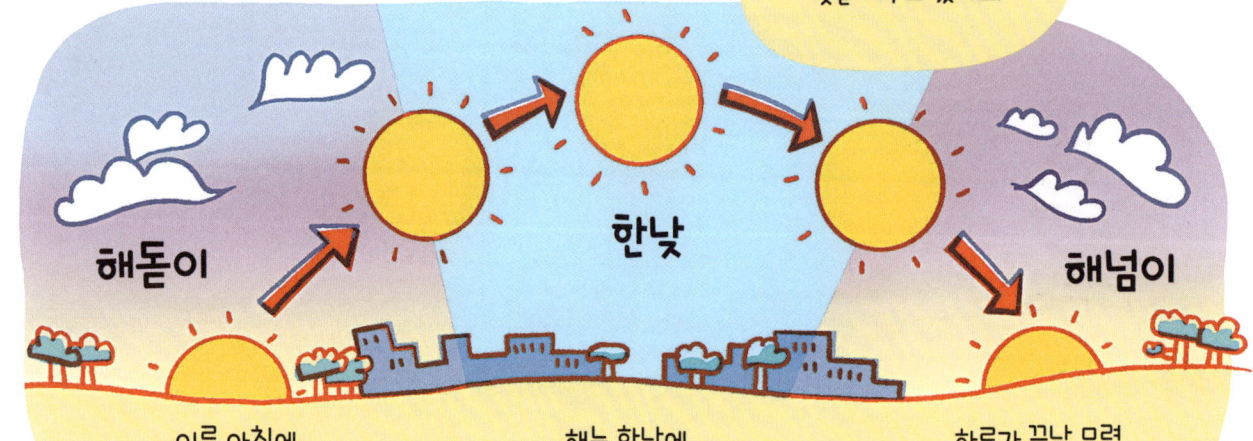

해돋이 — 이른 아침에 해가 떠요.

한낮 — 해는 한낮에 가장 높이 떠올라요.

해넘이 — 하루가 끝날 무렵, 해는 사라져요.

하루가 지나는 동안 여러 가지 일이 일어나요.

한낮 무렵, 많은 사람들이 밖에 나와 활동해요.

해 뜰 녘, 새가 노래해요.

해 질 녘, 토끼가 먹이를 찾아 나와요.

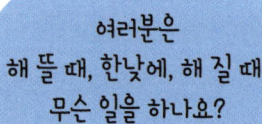

여러분은 해 뜰 때, 한낮에, 해 질 때, 무슨 일을 하나요?

해가 진 다음, 어떤 일이 일어날까요?

하늘이 어두워져요.

구름이 없는 날에는 달과 별이 보일 거예요.

사람들은 잠을 자요.

많은 동물이 둥지나 굴속에서 몸을 웅크리고 잠들어요.

밤에 깨어나는 동물도 있어요.

부엉 부엉

밤에 일어나 활동하는 동물을 야행성 동물이라고 해요.

가로등과 자동차에 전등을 켜요.

불빛을 비춰야 길을 볼 수 있어요.

밤에는 해가 보이지 않지만 사라진 건 아니에요. 지구 반대쪽에서 환하게 빛나고 있어요.

하늘에서 해가 움직이는 듯이 보이지만, 사실은 지구가 움직이고 있어요.

우리는 공처럼 생긴 커다란 행성, 바로 **지구**에 살고 있어요.

우주에서 본 지구는 이런 모습이에요.

지구는 언제나 돌고 있어요. 하루(24시간)에 한 바퀴씩 돌아요.

태양과 마주 보는 곳은 태양 빛을 받아요. '낮'이에요.

태양에서 반대편에 있는 곳은 태양 빛을 받지 못해요. '밤'이에요.

지구는 **자전축**을 중심으로 돌아요. 실제 있는 축은 아니에요.

🔍 손전등과 공을 준비해 낮과 밤이 어떻게 생기는지 살펴보아요.

나는 지구를 빙글 돌려요.

나는 태양이에요. 지구를 비춰 줘요.

손전등 불빛이 닿은 쪽은 낮이고, 닿지 않는 반대쪽은 밤이에요.

우주 저 멀리에 있는 **태양**은 불타오르는 거대한 가스 덩어리예요.

태양은 지구보다 100배는 더 커요.
태양 속에 지구를 100만 개쯤
집어넣을 수 있어요!

그런데 태양은 왜 하늘에서 조그맣게 보일까요?

왜냐하면 지구에서 약 1억 5000만km (킬로미터)나 멀리 떨어져 있기 때문이에요!

태양은 **별**이에요.
밤하늘에 보이는 다른 별들은
태양보다 멀리 떨어져 있어요.
모든 별은 불타는 가스 덩어리예요.

1년과 한 달

지구는 스스로 돌면서 태양 주위도 빙 돌아요.

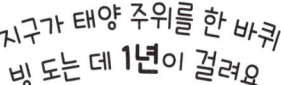
지구가 태양 주위를 한 바퀴 빙 도는 데 **1년**이 걸려요.

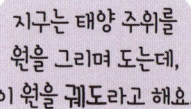
지구는 태양 주위를 원을 그리며 도는데, 이 원을 **궤도**라고 해요.

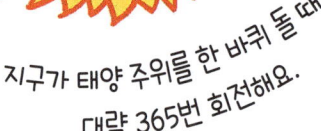
지구가 태양 주위를 한 바퀴 돌 때 대략 365번 회전해요.

지구는 스스로 계속 회전하여 낮과 밤이 생겨요.

그래서 대부분 1년은 365일이고, 4년마다 한 번(윤년)은 366일이에요.

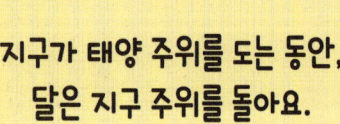
지구가 태양 주위를 도는 동안, 달은 지구 주위를 돌아요.

달

달이 지구 주위를 한 바퀴 도는 데 거의 **한 달**(27일)이 걸려요.

밤하늘을 보면 달 모양이 변하는 것처럼 보여요.

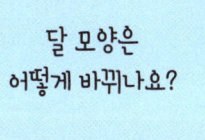
달 모양은 어떻게 바뀌나요?

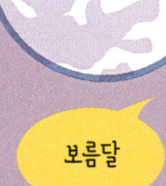
보름달

반달

그믐달

사실 달은 모양이 변하지 않아요.

태양 빛이 비친 부분만 우리 눈에 보이는데 지구의 어떤 방향에서 보느냐에 따라 달 모양이 달리 보여요.

달은 스스로 빛을 내지 않아요.

달과 태양과 지구는 크기가 모두 달라요.

크기 차이를 다음과 같이 나타낼 수 있어요.

태양이 '비치 볼' 크기라면,

지구는 '완두콩' 크기이고,

달은 '모래 한 알' 크기일 거예요!

73

지구

지구는 놀라운 곳이에요. 생물이 살아가기에 꼭 필요한 요소를 모두 갖추고 있어요.

필수 요소는 물, 산소, 따뜻한 기온이에요.

우주에서 지구는 파란색으로 보여요. 육지보다 바다가 훨씬 더 많기 때문이에요.

물

물 대부분은 짠 바닷물이에요.

땅에 사는 생물이 살아가려면 신선한 물이 필요해요.

짠물은 바다 동물과 바다 식물에게 좋아요.

호수와 강, 비가 신선한 물을 이루어요.

지구는 태양 주위를 도는 여덟 개의 행성 중 하나예요.
과학자들은 다른 행성에서 생물을 발견하지 못했어요.

태양에서 가까운 순서대로 행성을 나열했어요.

수성 금성 지구 화성

수성과 금성은 생물이 살기에 너무 뜨거워요. 물도 없어요.

화성은 너무 뜨겁지도, 너무 춥지도 않아요. 하지만 숨을 쉴 산소가 없어요.

따뜻한 기온

태양은 지구를 따뜻하게 해 줘요.
생물이 살아가기에
딱 알맞은 온도예요.

산소

공기 중에는 우리가 숨 쉴 수 있게 하는 산소가 있어요.

물에도 산소가 들어 있어요.

태양은 우리에게 따뜻함과 빛을 주는 거대한 불 같아요.

아래 행성들은 태양에서 굉장히 멀리 떨어져 있어서 생물이 살기에는 너무 추워요.

목성 토성 천왕성 해왕성 명왕성 (플루토)

이 행성들은 가스로 이루어져 있어요. 그래서 단단한 땅 표면이 없어요.

과학자들은 예전에 명왕성을 행성으로 여겼어요. 하지만 이제는 명왕성이 너무 작아서 왜소 행성으로 분류되었어요.

지구는 우리에게 하나뿐인 집이에요. 잘 지키고 보살펴야 하지요.

공기

우리는 건물을 따뜻하게 하고, 전기를 만들고, 차를 움직이기 위해 연료를 태워요.
하지만 연료를 태우면 대기를 **오염**시키는 가스가 나와요.

어떻게 하면 연료를 덜 태울 수 있을까요?

스위치를 내려요.

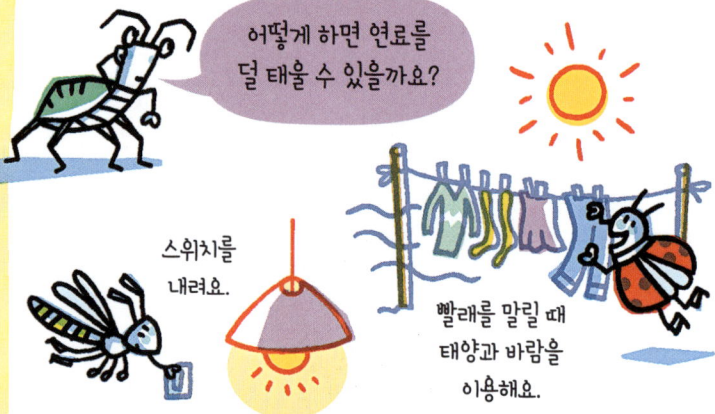

빨래를 말릴 때 태양과 바람을 이용해요.

난방기 온도를 내려요.

대신 옷을 껴입어요.

차를 타는 대신 걷거나 자전거를 타요.

땅

우리는 나무를 자르고, 자연에서 나는 원료를 캐내요. 땅에 해로운 일이지요.

땅을 위해서 나무를 더 심어요.

물건을 적게 사도록 노력해요.

물건을 재사용하고, 고쳐 쓰고, 중고품을 사요.

물

우리는 물을 너무 많이 쓰고, 쓰레기로 물을 오염시키고 있어요.

목욕 대신 짧게 샤워해서 물을 아껴요.

쓰레기를 아무 데나 버리지 않아요.

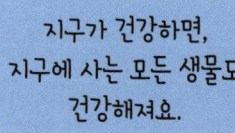

지구가 건강하면, 지구에 사는 모든 생물도 건강해져요.

비닐봉지를 사용하지 않으면 쓰레기를 줄일 수 있어요.

쓸 수 없는 물건은 재활용해요.

과학자가 되거나 세계에 관해 더 배우고
관심 갖는 것도 지구에 도움이 돼요.

과학자는 여러 가지 분야에서
새로운 사실을 알아내기 위해 노력해요.
여러분은 어떤 분야에
관심 갖고 있나요?

해양 과학자

재료 과학자

나는 새로운 재료를
발명해요.

지구 과학자

식물학자

동물학자

화산 학자

의사

우주 과학자

우리 모두가 함께
세상을 더 나은 곳으로
만들 수 있어요.

낱말 풀이

이 책에 나온 과학 용어의 뜻을 살펴봐요.

가공 과정 원래 재료에 변화를 주어 다른 물질을 만드는 것.
감각 눈, 코, 귀, 혀, 피부로 자극을 알아차리는 것.
근육 우리 몸속에서 뼈를 움직이게 해 주는 것.

낙엽수 가을이나 겨울에 잎을 떨어뜨리는 나무.
녹다 고체가 따뜻해져서 액체로 변하는 것.

마찰 두 물체가 서로 닿아 움직임을 방해하는 힘.
먹이 사슬 생물들 사이에 먹고 먹히는 관계.
무척추동물 척추가 없는 동물.
물질 물체를 이루는 것.

반응 서로 다른 물질을 섞었을 때 변화가 일어나는 것.
변온 동물 바깥 온도에 따라 체온이 변하는 동물.
불용성 물질 액체에 녹지 않는 물질.
뼈대 우리 몸의 틀을 유지하는 뼈.

상록수 일 년 내내 잎을 지니고 있는 나무.
상태 물질이 놓여 있는 모양이나 형편. 보통 고체, 액체, 기체로 존재함.
생산자 식물처럼 양분을 스스로 만들어 내는 생물.
서식지 식물이나 동물이 사는 곳.
세균 다른 생물체에 붙어 병을 일으키기도 하는 아주 작은 생물.
실험 실제로 관찰하고 측정하여 사실을 알아내는 일.

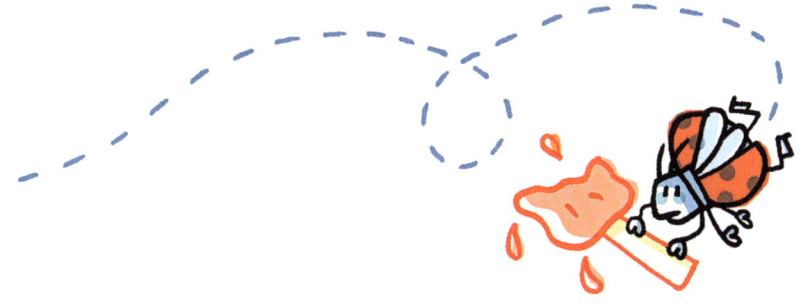

얼다 액체가 차가워져서 고체로 변하는 것.

오염 공기나 땅 또는 물이 더러워져서 해로워지는 것.

용해 녹거나 녹이는 일.

원료 자연에서 얻는 물질의 재료.

육식 동물 고기만 먹는 동물.

잡식 동물 고기와 식물 둘 다 먹는 동물.

재활용 낡은 물질을 가져와 다시 쓸 수 있게 가공하는 것.

전기 물건이 작동되게 하는 에너지의 한 형태로 전류에 의해 발생함.

정온 동물 바깥 온도에 관계없이 체온을 항상 일정하게 유지하는 동물.

증발 액체가 따뜻해져서 기체로 변하는 현상.

진동 물체가 떨려 움직임.

척추 동물의 등을 타고 쭉 이어진 뼈.

척추동물 척추가 있는 동물.

초식 동물 식물만 먹는 동물.

포식자 다른 동물을 잡아먹는 동물.

피식자 다른 동물에게 먹히는 동물.

힘 물체를 밀고 당겨 움직이게 하는 작용.

찾아보기

다음 단어가 어디에서 나왔는지 찾아볼 수 있어요.

ㄱ

가스 71, 75
감각 32-33, 78
건강 34-35, 76
계절 66-67
고체 44-45, 46
공기 7, 14, 20, 35, 44, 76
근육 31
기체 20, 44-45, 47
꽃 10, 12-13, 66, 76

ㄴ

나무 10-11, 66-67, 76
날씨 64-65, 66-67
뇌 30, 32

ㄷ

달 52, 69, 72-73
동물 8-9, 16-23, 24-27, 67, 69

ㅁ

마찰 59, 78
먹이 20, 26-27
물 6, 14, 19, 20-21, 34, 45, 46-47, 57-58, 63, 74-75, 76
물고기 19, 21
물질 36-49, 55, 78

ㅂ

방수 37, 41, 42-43
번식 7, 8
빛(햇빛, 불빛) 9, 14-15, 50-53, 69, 75
뼈 17, 30-31, 78
뿌리 12, 14-15

ㅅ

사람 18, 21, 22-23, 28-35
산소 20-21, 74, 75
새(조류) 18-19, 21, 22-23, 67, 68
생물 6-7, 8-9, 74-75
서식지 24-27, 78
소리 32, 54-57
스프링 60-61
식물 8, 9, 10-15, 20, 26-27, 51, 77
실험 4, 78
쓰레기 48-49, 76
씨앗 8, 13, 14-15

ㅇ

아가미 21
알 8, 18-19, 22
액체 5, 44-47
양분 9, 27
양서류 19, 21

열매 13
우주 4, 70
음식 34
잎 11, 12, 67

ㅈ

자석 60-61
재활용 39, 48-49, 76, 79
전기 62-63, 79
지구 70, 72-73, 74-77

ㅊ

채소 10, 34

ㅌ

태양(해) 50, 52, 65-76

ㅍ

파충류 18-19, 21
포유류 18-19, 21, 28

ㅎ

행성 70, 74-75
허파 21, 30
힘 58-61, 79

ㄱ 부터 ㅎ 까지 순서대로 적혀 있어요.

한국어판 1판 1쇄 펴냄 2020년 8월 1일 | 1판 3쇄 펴냄 2021년 3월 31일
옮김 신인수 편집 김산정 디자인 황혜련 펴낸곳 (주)비룡소인터내셔널 전화 02)6207-5007 팩스 02)515-2007
한국어판 저작권 © 2020 Usborne Publishing Ltd.

영문 원서 All the Science You Need to Know By Age 7 1판 1쇄 펴냄 2020년
글 케이티 데이니스 그림 스테파노 토그네티 디자인 엘리스 리즈 외 감수 페니 콜트만
펴낸곳 Usborne Publishing Ltd. usborne.com
영문 원서 저작권 © 2020 Usborne Publishing Ltd.

이 책의 영문 원서 저작권과 한국어판 저작권은 Usborne Publishing Ltd.에 있습니다. 저작권법에 의하여 한국 내에서 보호를 받는 저작물이므로
무단전재와 복제를 금합니다. 어스본 이름과 풍선 로고는 Usborne Publishing Ltd.의 트레이드 마크입니다.